ANALYSE
DU PETIT NEPTUNE
ANGLOIS,
O U
DE LA CARTE MARINE:

Contenant les Côtes des Royaumes d'Angleterre,
d'Ecoffe & d'Irlande.

*Par M. BONNE, de la Société Littéraire-Militaire, Maître
de Mathematiques, Ingénieur-Géographe. Dédiée à Son
Alteffe Séréniffime Monfeigneur le Duc de PENTHIEVRE,
Amiral de France, par fon très-humble & très-obéiffant
ferviteur Lattré.*

A PARIS,

M. DCC. LXIII.

ANALYSE
DU PETIT NEPTUNE
ANGLOIS,

Ou de la Carte Marine ; contenant les Côtes des Royaumes d'Angleterre, d'Ecosse & d'Irlande.

LEs Anglois ont publié beaucoup de détails Géographiques sur leur Pays. Malgré ces secours abondans, il est encore bien difficile de faire de ces divers morceaux, un tout exact dans chacune de ses parties. La persuasion dans laquelle je suis, que leurs travaux Géographiques ne rendent point encore superflue toute recherche sur ce sujet, m'a fait entreprendre la Carte dont voici l'Analyse.

ARTICLE I.

Projection de la Carte.

Les Cartes, suivant la projection de Mercator, sont celles dont les Navigateurs font un plus fréquent usage. Ils y pointent leurs routes avec facilité, parce que les airs ou rhumbs de vents qu'on suit toujours à la mer, s'y représentent par des lignes droites: propriété commode, & qui m'a fait adopter cette projection.

L'applatissement de la Terre vers les pôles étant aujourd'hui démontré par les faits les plus au-thentiques ; pour atteindre à une plus grande précision, il a fallu y avoir égard. J'ai choisi l'hypothése qui m'a paru la plus vraisemblable, celle qui favorise davantage les longueurs mesurées de divers degrés du Méridien, ainsi qu'on le verra dans l'analyse d'une Carte de la Mer Méditerranée, que j'ai dressée avant celle-ci. En ce cas le diamètre de l'équateur terrestre est à l'axe, dans le rapport de 254 à 253 ; & les dégrés du Méridien croissent en allant de la ligne équinoxiale vers l'un ou l'autre pole, comme les quarrés des sinus des latitudes. Cette loi donnée par la théorie, a encore l'avantage de cadrer mieux qu'aucune autre, avec les degrés mesurés.

Selon cette supposition, voici une Table qui contient 1°. Les parties Méridionales ou latitudes croissantes de degré en degré, pour l'axe du Méridien qui traverse les Isles Britanniques. 2°. Le même arc du Méridien exprimé en milles ou minutes de l'équateur, 3°. La valeur du degré de chaque parallèle aux différentes latitudes comprises dans l'étendue de la Carte.

Lat.	Part. Mérid.		Arc du Mérid.		Deg. du Par.	
D.	Milles	10e	Milles	10e	Milles	10e
50	3453	7	2984	1	38	6
51	3547	8	3044	0	37	8
52	3644	0	3104	0	37	0
53	3742	3	3164	0	36	2
54	3842	9	3224	0	35	3
55	3945	9	3284	0	34	5
56	4051	5	3344	0	33	6
57	4159	9	3404	0	32	8
58	4271	3	3464	0	31	9
59	4385	9	3524	1	31	0
60	4503	9	3584	1	30	1
61	4625	5	3644	2	29	2

Les parties Méridionales de cette Table, que les Marins employent pour calculer les routes obliques, m'ont servi à diviser les Méridiens de la Carte, qui fait l'objet de cette Analyse; puis j'ai donné 60 milles ou minutes de l'équateur à chaque degré des parallèles, ce qui fait toute la projection. Les arcs du Méridien, compris dans la même Table, sont utiles aux Pilotes, pour évaluer en milles les différences en latitude ou les routes du *Nord* au *Sud*. A l'égard de la valeur absolue des degrés des parallèles, aussi contenue dans la Table, elle sert à réduire en milles, les différences en longitude, ou les routes courues de l'Est à l'Ouest.

Article II.

Côte Méridionale d'Angleterre.

Afin de disposer les différentes parties des Côtes d'Angleterre d'une manière convenable, tant entr'elles qu'à l'égard du Ciel, je suis parti de Calais, déterminé de position, par les triangles mesurés en France. MM. de la Hire & Picard ont trouvé par la Trigonométrie, que la distance entre Calais & Douvres est de 22 à 23 milles Géométriques ou de 60 au degré. La latitude de Calais est de 50° 57′, 5. & sa longitude est de 0°, 29′ à l'Occident de Paris. De plus, la hauteur polaire de Douvres a été donnée par M. Desplaces, de 51° 6, & nos Astronomes l'ont calculée, d'après les triangles pour la Carte de France, de 51°, 7′, 8. Avec l'aide de ces données, on trouve la longitude de Douvres de 1°, & environ 2′.

De la position certaine de Douvres à *Beaki-head*, la distance déduite, comme les suivantes, d'un grand nombre de routes de navigation, est de 42 milles de 60 au degré, & la hauteur de ce Cap est de 50° 47′. De-là à *Selsey*, il y a 40 milles, & la latitude de ce point, observée par plusieurs Navigateurs, est de 50° 42′. Entre Selsey & *Portland*, on compte 65 milles, & la hauteur polaire du Cap le plus au Sud de cette Isle, est de 50° 31′. De Portland à *Star-point*, le trajet est de 53 milles, & la latitude de ce Cap est de 50° 7′. De-là au Cap *Lizard*, l'espace est de 62 milles; la hauteur de ce Cap a été donnée par le Docteur Halley de 49° 55', & on la fait monter à 49° 59' dans l'ouvrage Anglois intitulé (*The Mariners new-Calendar.*) J'ai pris un milieu entre ces indications. Cette pointe remarquable est trop élevée dans la plûpart des Cartes, où elle surpasse 50° de plusieurs minutes.

Par les moyens qui précédent, & que je crois sûrs, le Cap Lizard tombe par la longitude de 7° 38'. L'ouvrage Anglois que je viens de citer, la donne plus forte seulement d'une minute. Quoique j'ignore sur quel fondement cette longitude est appuyée dans ce Calendrier, comme elle est confirmée par les distances, je ne puis m'empêcher d'y avoir confiance. On estime 21 milles la route comprise entre le Cap Lizard & *Land's-end*, & la latitude de ce point est de 50° 6'.

J'ai déterminé les principaux points de la Côte du Sud d'Angleterre en consommant ces distances sur les directions indiquées par les latitudes. Les détails de la Mer, & les sinuosités du rivage proviennent des meilleures Cartes Marines Angloises, assujetties aux points dont on vient de discuter la position. On ne s'est pas même borné aux Cartes Marines de cette Nation. On a aussi fait usage de leurs Cartes Terrestres les plus estimées: telles sont celles de MM. Ogilby, Herman Moll, Senex, Kitchin, Speed, Lea d'après Saxton, Bowles, Rocque, &c.

ARTICLE III.

Côtes Orientales d'Angleterre & d'Ecosse avec les Isles Orcades & Shetland.

J'ai recueilli, sur cette vaste étendue de côtes, un très grand nombre de distances bien liées, avec leurs directions: je les ai comparées avec une chaîne de routes, & la direction de chacune, qu'avoit recueillie le célébre Géomètre, M. Mac-Laurin. Comme il seroit superflu de rapporter ici les différences en longitude & en latitude, avec les routes & les angles qu'elles forment, ces choses étant dans une dépendance réciproque, je me contenterai d'inscrire dans la Table suivante les espaces conclus, avec les longitudes & latitudes qui en résultent.

Table de la distance, avec la longitude & la latitude des principaux points de la Côte Orientale d'Angleterre & d'Ecosse.

Noms des Lieux	Dist. Mil.	Long. D.M.	Lat. D.M.
De Calais à Douvres. . . .	23	1 2	51 7
De-là à Nortforland. . . .	17	0 54	51 23
De Nortforland à Valton, .	30	1 8	51 51
De ce point à Yarmouth. .	52	0 43	52 44
De cette Ville à Boston. . .	59	2 17	53 1
De Boston à Spurn-head. .	37	2 5	53 38
De ce Cap à Flamborough.	30	2 16	54 7
De-là à Hartlepool. . . .	55	3 26	54 43
De Hartlepool à { S. Bées.	78	5 29	54 28
{ Tinmouth.	20	3 38	55 2
De Tinmouth à Bervick. .	49	4 11	55 48
De cette Ville à Edenburg.	38	5 17	55 57
De-là à Buchan-neß. . .	104	3 47	57 29
De ce Cap à { Invernéß. .	77	6 12	57 30
{ Dungsby-head.	82	5 15	58 36
Du C. Dungsby, au C. Wreath.	85	7 7	58 33

Il convient d'avertir, au sujet de la Table précédente, que c'est à la position nommée la dernière dans chaque ligne, que se rapportent la longitude & la latitude qui s'y trouvent.

Pour apprécier la justesse des déterminations de cette Table, on remarquera :

1°. Que la longitude d'Yarmouth, d'après les observations célestes, roule entre 43 & 46 minutes de degré à l'Occident du Méridien de Paris. Nos moyens constatés par la distance de Londres à Yarmouth, ont fait adopter la plus foible.

2°. La latitude de Boston a été observée de 53° 1′, & par un milieu pris entre plusieurs indications de la longitude de cette Ville, elle seroit par 2° 16′, moindre seulement d'une minute que par nos combinaisons; ce qui prouve leur justesse & l'exactitude de la détermination Astronomique.

3°. On connoît la latitude d'York : elle est de 54°, & sa longitude, à l'égard de Paris, a été conclue, par M. Harris, de 13′ 11″ de tems : par Street, de 13′ 41″ : par M. Cassini, de 12′ 40″ : par quelques observations des Satellites de Jupiter, qui m'ont été communiquées, de 13′ 14″. D'où l'on peut compter 3° 18 ou 19 minutes pour la différence des Méridiens entre York & Paris. Maintenant, la distance de York à Flamborough est de 37 à 38 milles, & la latitude de ce point, observée par plusieurs Navigateurs, est de 54° 7′. Calculant avec ces élémens la différence des Méridiens entre York & Flamborough, on la trouvera d'un degré & environ 2 minutes : ainsi la longitude de cette dernière position est de 2° 16′; telle que l'ont donnée les distances & les airs de vents dont on a fait usage.

4°. La latitude de Bervick a été observée de 55° 48′. Cette Ville prend précisément la même hauteur sur notre Carte.

5°. On a mesuré la hauteur du pole à Edenburg; elle s'est trouvée de 55° 57′. Cette latitude s'accorde parfaitement avec celle que nos combinaisons ont fait adopter. Quant à la longitude de cette Capitale, Harris l'a donnée de 5° 25′ : le Calendrier des Mariniers l'indique seulement de 5° 12′ : une observation qui m'a été communiquée par M. Mac-Laurin, l'a fait tomber sur 5° 15′ : d'où par un milieu on conclut 5° 17′. la même que celle qu'Edenburg occupe sur cette Carte.

6°. Le Docteur Chamberlain (*Etat de la grande Bretagne*) rapporte que la pointe de Dungsby est par 58° 35′ de latitude, & ce Cap monte ici à 58° 36′. Cet accord frappant dans les positions fixées le long de toute cette Côte Orientale, me fait prendre une entière confiance dans cette partie de mon travail.

Les détails de cette portion de la Carte ont été puisés dans les mêmes sources que ceux de la Côte Méridionale; excepté les rivages d'Ecosse, pour lesquels on s'est servi des Cartes de Thimothée Pont &

de Robert Gordon ; de celle d'El-phinston publiée en 1745 ; & sur-tout de la grande & belle Carte de ce Royaume qu'on doit à la pro-tection éclairée que le feu Duc d'Argill accordoit aux Sciences.

Le Cap de Dungsby étant le point du continent le plus voisin des Isles Shetland, avant de l'a-bandonner, il convient de fixer la position de ces Isles. La distance de Dungsbi-head, donnée par des Na-vigateurs, à la pointe la plus Orien-tale de l'Isle Unst, est de 189 milles, & l'intervalle de Buchan-ness au même point de cette Isle, a été estimé de 195 milles, d'où l'on dé-duit la longitude de la partie la plus Orientale des Isles Shetland de 2° 28', & sa latitude de 60° 39'. Cette hauteur qui se conclut des distances précédentes, a d'ailleurs été observée.

Pour figurer ces Isles, on s'est servi de la Carte du Capitaine Pres-ton, publiée en 1752, & de ce que Greenville, Collins & quel-ques autres en ont donné. Nous avons extrait de ces Cartes autant de détails que le point d'échelle de la nôtre a pu le permettre.

J'ai dessiné les Isles Orcades d'a-près une Carte manuscrite dressée à Kirkwal en 1755, que je dois à un sçavant Anglois. J'ai aussi consulté l'ouvrage que M. Murdoch Mac-kenzie a publié sur ces Isles en 1750.

ARTICLE IV.

Côtes Occidentales d'Ecosse & d'An-gleterre.

Pour faire correspondre exacte-ment toutes les parties de cette Côte avec le Ciel, on a suivi la même méthode que ci-devant. Mais les détours & les replis du rivage étant bien plus fréquents, plus bi-zarres que dans l'Article III, le Géographe doit alors multiplier ses recherches, afin d'augmenter ses ressources. Pour peu qu'on veuille ici considérer les circonstances du local, on verra qu'on ne seroit point excusable de ne pas joindre aux moyens employés précédem-ment, des distances prises dans les terres, entre les Côtes de l'Est & celles de l'Ouest. En négligeant ce secours si propre à donner au con-tinent sa véritable étendue, & à mieux assurer le gissement des dif-férentes parties de la Côte, on pourroit me reprocher d'avoir man-qué en un point essentiel.

Avant d'aller plus loin, je dois faire connoître en général à quel degré d'exactitude peuvent attein-dre les distances que j'ai prises à travers les terres.

1°. J'ai fait usage de l'Itinéraire Anglois de *John-Ogilby*, donné par *Senex*. Les routes qui y sont représentées ont été mesurées en milles d'Henri VII. ou de 826 toi-ses chacun, & on peut comparer chaque distance avec l'estime vul-gaire en milles de 50 au degré, mar-qués aussi sur l'itinéraire. Celles de ces routes dont j'ai eu besoin, ont été tracées soigneusement avec tous leurs détours, sur une Carte dres-sée exprès ; puis j'ai pris leur lon-gueur totale en ligne droite, entre divers points, depuis la Côte Orientale jufqu'à la Côte Occidentale.

2°. Aidé par la Carte d'Angleterre du fçavant W. *Stuckley*, où les voies Romaines font tracées, je me fuis aifément fervi des itinéraires anciens, pour en conclure de nouveau les mêmes intervalles en lignes droites que ci-devant. Ces itinéraires ne fuivent pas toujours les chemins qui exiftent aujourd'hui ; c'eft pourquoi j'ai rencontré quelques légéres différences dans les réfultats, en les comparant à ceux de l'itinéraire Anglois. Cependant appuyé fur plufieurs obfervations céleftes, je n'ai pas eu de peine à reconnoître que le mille d'Henri VII eft le même que celui dont les Romains firent ufage dans les Ifles Britanniques, quoique ce mille foit plus long d'une douzième partie que celui qu'ils ont employé prefque par - tout ailleurs.

3°. J'ai tracé de nouveau & plufieurs fois ces mêmes routes, d'après des diftances mefurées, de proche en proche, fur quelques deffeins manufcrits, & fur les meilleures Cartes gravées, en rectifiant fouvent l'échelle & la direction des routes, d'après de bonnes obfervations ; puis j'ai, comme auparavant, mefuré leur étendue totale en ligne droite.

4°. J'ai pris un milieu entre ces diftances, & les ai réduites, avant d'en faire ufage, en milles de 60 au degré. Si des mefures eftimées & combinées avec ces précautions, n'atteignent point à la précifion Géométrique, elles préfervent au moins de tout écart fenfible.

Afin d'abréger le difcours, je vais encore placer, dans une Table, les intervalles des points principaux, & les longitudes & latitudes qui réfultent de ces diftances & de leur direction.

Table de la diftance, avec la longitude & la latitude des principaux points de la Côte Occidentale d'Écoffe & d'Angleterre.					
Noms des Lieux.	Dift. Mil.	Long. D. M.		Lat. D. M.	
Du C. Dungby, au C. Wreath.	58	7	7	58	33
De ce Cap à { la pointe Oreby	55	8	55	58	29
Inverneff. . . .	70	6	12	57	30
D'Inverneff à Dunbarton.	94	6	38	55	57
De cette Ville à { Edenburg. .	44	5	17	55	57
Air.	27	6	47	55	31
D'Air à { Mull of Cantire. .	39	7	54	55	20
Sud des Ifl. Bifchops	128	9	55	56	44
Mull of Gallouay. .	53	7	10	54	40
De Mull of Gall. à Carlifle. .	78	4	56	54	47
De Carlifle à { Tinmouth. .	48	3	38	55	2
Lancaftre. . .	46	4	54	54	1
De Lancafte à { Flamborough.	92	2	16	54	7
Leverpool. . .	36	5	10	53	27
De Leverpool. à { Spurn-head.	110	2	5	53	38
Chefter. . .	13	5	6	53	14
De Chefter à { Bofton. . . .	102	2	17	53	1
Caernarvan. .	50	6	29	53	11
De Caernarvan à Brachipult.	28	6	58	52	50
De cette pte. au Cap S. David.	58	7	27	51	56
De ce Cap à { Hartland. . .	51	6	45	51	7
Briftol. . . .	100	4	53	51	28
De Briftol à { Londres. . .	92	2	25	51	31
Hartland. . .	73	6	45	51	7
De Hartland à Lands-end. .	79	8	7	50	6

Examinons préfentement quelle mefure de confiance méritent ces déterminations.

On connoît exactement la longitude & la latitude de Londres. Nous trouvons la latitude de Briftol conforme à celle qu'a donnée Street ; ainfi la pofition de cette

Ville eſt deja fixée dans ce ſens. La diſtance entre Londres & Briſtol s'évalue par ce parallèle à 2° 28′ : donc la longitude de cette dernière Ville eſt de 4° 53′ ; la même préciſément que celle qu'on a trouvée par les routes eſtimées le long de la Côte.

La latitude de Cheſter, donnée de 53° 13′ par M. Deſplaces, s'accorde, à une minute près, avec celle que la ſuite de notre travail a fait conclure. La longitude de cette Ville, d'après les routes des Navigateurs & leur direction, eſt confirmée par l'intervalle de Cheſter à Boſton.

La longitude qu'a pris Lancaſtre, en vertu de ſa diſtance à Carliſle, ſe vérifie par l'eſpace compris entre la première de ces Villes & le Cap de Flamborough. Quant à la hauteur polaire de Lancaſtre, les obſervations & nos combinaiſons ont donné la même.

Les latitudes des Caps Gallouay & Cantire ſont conformes à celles qu'ont trouvées les Navigateurs. Enfin on a une obſervation Aſtronomique, qui fixe la hauteur du pole à la ville d'Air de 55° 30′, 7, & la latitude du Cap Wreath par pluſieurs Navigateurs, eſt de 58° 33 ou 34 minutes.

L'emplacement des Iſles Weſternes eſt une ſuite, tant de la hauteur obſervée de la pointe Oreby & de ſa diſtance au Cap Wreath, que de la latitude de la partie Sud des Iſles Biſchops, & de leur diſtance à la ville d'Air.

J'ai tracé la plus grande partie des Côtes Occidentales d'Ecoſſe & des Iſles Weſternes, d'après la belle Carte dont on eſt redevable à Mylord Duc d'Argil, combinée avec celle du Marin expérimenté M. Elphinſton. La Côte Occidentale d'Angleterre a été figurée d'après les Cartes Nationales, excepté l'eſpace entre Caernarvan & Ravenglas, qui eſt la réduction d'une Carte manuſcrite très-détaillée.

Avant de finir cet article, j'oſe dire qu'il n'y a point de Cartes en Angleterre ni en France qui puiſſent ſatisfaire en tout point aux différens moyens qui ont été employés dans la conſtruction de celle-ci.

Il étoit à préſumer que *la Carte réduite des Iſles Britanniques*, publiée à Paris en 1757, devoit être la meilleure ; j'étois moi-même dans cette perſuaſion. La réputation de l'Auteur, juſtement acquiſe, & les ſecours abondans dont il auroit pû tirer avantage, m'autoriſoient à le croire. Un examen refléchi m'a appris qu'il en falloit avoir une idée différente.

Ouvrant le compas de Portland à Briſtol, j'ai trouvé l'intervalle plus grand d'une ſeptième partie, qu'il n'eſt réellement. Portland eſt ſitué ſur la Carte à 50° 23 ou 24 minutes de latitude, & dans les remarques ſur la conſtruction de cette Carte, on lit que la hauteur de Portland eſt de 50° 30′. Si cette contradiction prenoit ſon origine dans les remarques, il n'y auroit point d'inconvénient ; mais c'eſt la Carte qui eſt en défaut. L'eſpace vers cet endroit eſt auſſi trop dilaté dans le sens de la longitude ; de-là vient que sur cette Carte Bristol qui est déja trop au Nord, est aussi porté trop à l'Ouest.

Si Bristol est trop reculé vers l'Ouest, la Côte depuis Chester jusqu'au Cap S. Bées est beaucoup trop avancée vers l'Est ; la distance de Boston à Chester, l'intervalle de Flamborough à Lancastre, & l'espace compris entre Hartlepool & S. Bées, le témoignent unanimement.

Dans l'analyse ou les remarques on trouve que Londondery est par 54° 55′ de latitude ; cette Ville est sur la Carte par 54° 59′. Les remarques sont exactes en ce point : ce défaut appartient encore à la Carte. Je n'ai pas eu intention dans ce peu de mots, de manquer aux égards qui sont dûs au sçavant Auteur de cette Carte. Si l'on vient à me montrer des inadvertences de cette espèce dans celle dont je rends compte, j'en sçaurai bon gré, & je la corrigerai.

ARTICLE V.

Côtes d'Irlande.

J'ai cherché avec beaucoup de soin des latitudes & des distances, propres à lier l'Irlande avec la Côte que je viens de quitter. Le fruit de mon travail, à cet égard, se trouve inscrit dans la Table suivante.

Noms des Lieux.	Dist.	Long.	Lat.
	M.	D.M.	D.M.
Du C. S. Dav. au C. Carnsore.	42	8 30	52 10
Du Cap Brachipult au Cap Wicklow.	47	8 16	52 56
Du Cap Gallouay au C. . .	24	7 49	54 32

Ces points, dont les longitudes sont déduites des latitudes observées & des distances, ont fait prendre à la Côte Orientale d'Irlande son véritable gissement. Je l'ai figurée, cette Côte, d'après une réduction manuscrite de l'arpentage de cette Isle. Par une suite de la direction qu'elle prend, la ville de Dublin qui a 53° 19′ de latitude, tombe à 8° 37′ de longitude : détermination qui tient presque un milieu exact entre celles que les observations Astronomiques ont données.

Pour continuer la circonscription de cette Isle, j'ai gradué de 10 en 10 minutes, tant en longitude qu'en latitude, la Carte manuscrite dont j'ai fait mention, en supposant la terre applatie vers les poles. Pour y parvenir plus sûrement, je me suis servi des hauteurs observées, que voici :

Londondery.	54° 55	Cap Dingle.	52° 1′
Cap Telling.	54 35	Cap Bluff..	51 16
Slinehead.	53 17	Cap Cleare	51 12

Ces latitudes, de même que celles de la Table précédente, m'ont paru très-exactes ; pour y assujétir la Carte originale, il n'a fallu lui faire violence dans aucune partie. Après cette préparation, il a été facile de faire passer le Type de cette Carte sur la mienne.

Le dessein manuscrit de l'Irlande ne m'a point ôté la curiosité de voir les meilleures Cartes de ce Royaume. J'ai examiné celles de Herman Moll, de Senex, de Jefferys. Ces Cartes méritent à plusieurs égards l'estime qu'on en fait,

Afin de rendre ce morceau de Géographie plus curieux & plus utile, j'ai jugé convenable d'y marquer les fondes. Elles font défignées par des chiffres Arabes jettés fur la Mer. La fonde eft de cinq pieds de Roi.

La plûpart des Côtes font fujettes à une efpéce d'inondation de la part de la Mer, deux fois le jour. On fçait que les eaux montent pendant environ fix heures. Ce mouvement par lequel la Mer vient couvrir nos plages, fe nomme le *flux*. Les eaux parvenues à leur plus grande hauteur, y reftent environ un demi-quart d'heure, la Mer alors eft *pleine*. Enfuite elle defcend pendant fix heures ou à peu près, qui forment le tems du *reflux*. Les flots parvenus à leur terme inférieur, il eft *baffe Mer*. Puis les eaux remontent prefqu'auffitôt.

L'illuftre Newton a enfeigné aux Nations que ce phénomène étoit une fuite de l'attraction mutuelle répandue dans toute la nature, que cet effet reconnoiffoit pour caufe la tendance réciproque de la Lune & du Soleil vers les eaux, & de celles-ci vers ces corps céleftes.

Les Marins ayant fouvent befoin du flux pour paffer en certains lieux, entrer dans différens ports, ou en fortir, il a paru avantageux de marquer fur la Carte, en divers endroits, l'heure de la haute Mer les jours des nouvelles & pleines Lunes : ces heures font en chiffres Romains. J'y ai auffi indiqué en chiffres Italiques, la hauteur des grandes marées exprimée en pieds.

La bouffole, par la propriété fingulière qu'a fon aiguille de fe diriger vers un même côté, eft le principal guide des Navigateurs. Cette aiguille ne montre pas toujours exactement le Nord ; elle s'en écarte plus ou moins, felon les divers points de la terre où l'on fe trouve ; fa *variation* n'eft pas même conftante en chaque lieu. Lorfqu'on la connoît en Mer, elle ceffe d'être une fource d'erreurs.

J'aurois craint d'omettre un objet intéreffant, en n'indiquant pas cette variation ou déclinaifon ; elle eft telle, fur la Carte, qu'on l'a trouvée par plufieurs obfervations pour l'année 1762. Vers les rofes de bouffole qui font dans la partie inférieure de cette Carte, la déclinaifon de l'aiguille aimantée augmente annuellement de 8 ou 9 minutes du Nord à l'Oueft : & vers les rofes fupérieures d'environ 7 minutes dans le même fens.

Je fuis arrivé le plutôt qu'il m'a été poffible à la fin de cette Analyfe. Il auroit peut-être été fuperflu d'entrer dans une plus ample difcuffion pour une Carte auffi peu étendue. Rempli d'abord de cette idée, je me fuis propofé d'être fuccinct. Il m'a paru qu'il fuffifoit de fixer la pofition des points principaux, & j'ai pris à tâche de le faire d'une manière fatisfaifante.

On m'a vu, pour cela, 1°. faire ufage des routes des Navigateurs extraites tant de leurs Journaux que des Portulands. 2°. Des déterminations de longitude par d'habiles Obfervateurs. 3°. Des latitudes prises sur des vaisseaux par des Marins, ou à terre par des Astronomes. 4°. Des Itinéraires combinés avec les meilleures Cartes, & quelques desseins manuscrits. En un mot, j'ai fait tous mes efforts pour amener cette Carte au point de perfection, dont peuvent être susceptibles les connoissances Géographique étendues que l'on a sur les Isles Britanniques. Je serois extrêmement satisfait d'y avoir réussi.

D'un autre côté, si j'ai par-tout supprimé les détails, les ornemens, l'érudition, c'est que j'ai aussi voulu être clair, & je suis persuadé que la brièveté, sur-tout dans les matières abstraites, contribue beaucoup à produire cet effet.

Je desire que cette Carte puisse aider à l'avenir à figurer les Isles Britanniques d'une manière plus précise qu'on ne l'a fait jusqu'à présent. Enfin, si le Public, dont le suffrage me seroit infiniment flatteur, est content de mon travail, à proportion des soins que j'y ai apportés, je me croirai amplement récompensé.

Cette Carte se vend à Paris, chez Lattré, Graveur, rue S. Jacques.

F I N.